escola - la escuela 2
viatge - el viaje 5
transport - el transporte 8
ciutat - la ciudad 10
paisatge - el paisaje 14
restaurant - el restaurante 17
supermercat - el supermercado 20
begudes - las bebidas 22
menjar - la comida 23
granja - la granja 27
casa - la casa 31
sala d'estar - la sala 33
cuina - la cocina 35
bany - el cuarto de baño 38
cambra de nen - la habitación de los niños 42
roba - la ropa 44
oficina - la oficina 49
economia - la economía 51
oficis - los oficios 53
eines - las herramientas 56
instrument de música - los instrumentos musicales 57
zoo - el zoo 59
esports - los deportes 62
activitats - las actividades 63
família - la familia 67
cos - el cuerpo 68
hospital - el hospital 72
urgència - la urgencia 76
terra - la tierra 77
rellotge - hora(s) 79
setmana - la semana 80
any - el año 81
formes - las formas 83
colors - colores 84
oposats - los opuestos 85
nombres - los números 88
llengües - los idiomas 90
qui / què / com - quién / qué / cómo 91
on - dónde 92

Impressum
Verlag: BABADADA GmbH, Nedderfeld 112 , 22529 Hamburg
Geschäftsführer / Verlagsleitung: Harald Hof
Druck: Books on Demand GmbH, In de Tarpen 42, 22848 Norderstedt

Imprint
Publisher: BABADADA GmbH, Nedderfeld 112 , 22529 Hamburg, Germany
Managing Director / Publishing direction: Harald Hof
Print: Books on Demand GmbH, In de Tarpen 42, 22848 Norderstedt

escola

la escuela

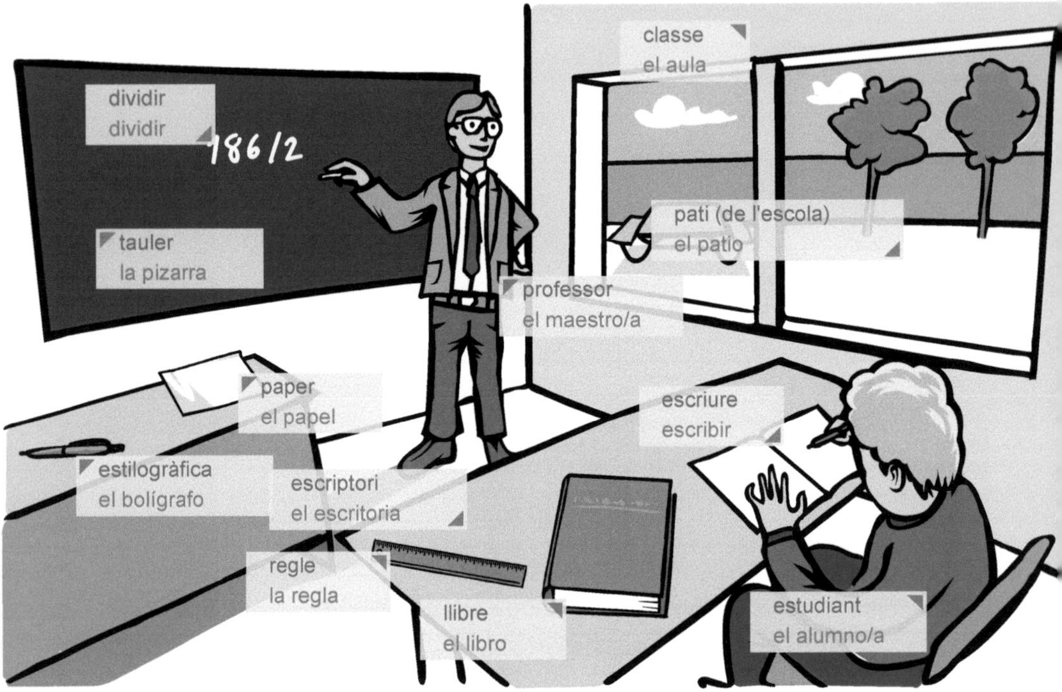
classe
el aula
dividir
dividir
186/2
tauler
la pizarra
pati (de l'escola)
el patio
professor
el maestro/a
paper
el papel
escriure
escribir
estilogràfica
el bolígrafo
escriptori
el escritoria
regle
la regla
llibre
el libro
estudiant
el alumno/a

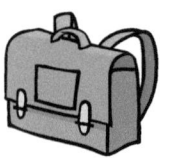

bossa

la cartera

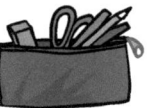

estoig

la caja de lápices

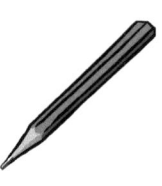

llapis

el lápiz

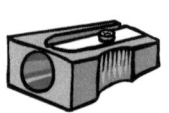

maquineta de fer punta

el sacapuntas

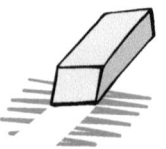

goma

la goma de borrar

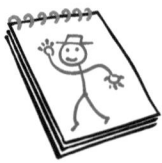

bloc de dibuix

el cuaderno de dibujo

dibuix

el dibujo

pinzell

el pincel

capsa de pintures

la caja de pinturas

tisores

las tijeras

cola

el pegamento

quadern d'exercicis

el cuaderno de ejercicios

deures

los deberes

nombre

el número

afegir

sumar

sostreure

restar

multiplicar

multiplicar

calcular

calcular

lletra

la letra

alfabet

el alfabeto

mot

la palabra

text
el texto

llegir
leer

guix
la tiza

lliçó
la lección

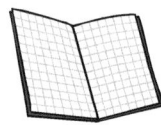

llibre de classe
el cuaderno de notas

examen
el examen

certificat
el certificado

uniforme escolar
el uniforme

formació
la educación

enciclopèdia
la enciclopedia

universitat
la universidad

microscopi
el microscopio

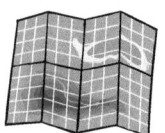

mapa
el mapa

paperera
la papelera

escola - la escuela

viatge

el viaje

hotel
el hotel
Grand
alberg
el albergue
ROOMS
cina de canvi
oficina de cambio de divisas
maleta
la maleta
automòbil
el coche

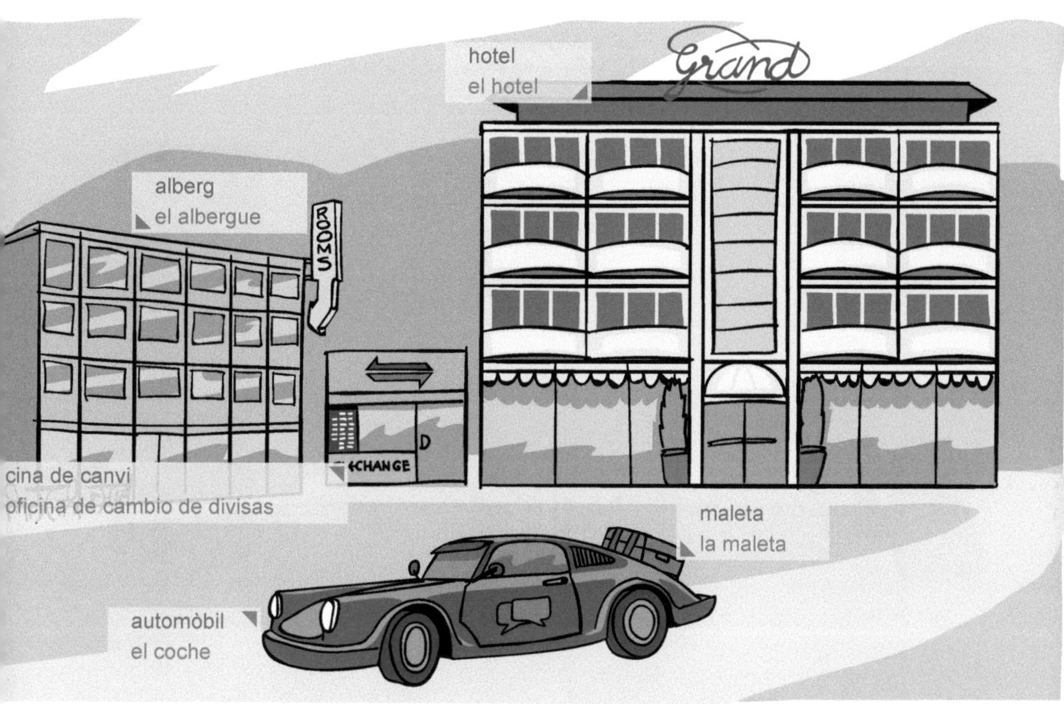

llengua

el idioma

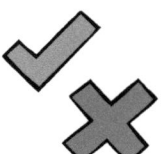

sí / no

sí / no

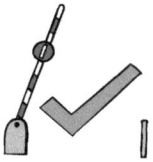

D'acord

Vale

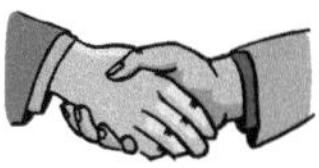

Ey!

hola

traductora

el traductor

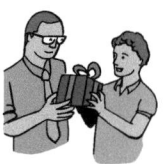

gràcies

Gracias

Quant costa… ?

¿cuánto es…?

No entenc

No entiendo

problema

el problema

Bona nit!

¡Buenas tardes!

bon dia!

¡Buenos días!

bona nit!

¡Buenas noches!

fins aviat

adiós

direcció

la dirección

bagatge

el equipaje

bossa

la bolsa

sarrona

la mochila

convidat

el invitado

cambra

la habitación

sac de dormir

el saco de dormir

tenda

la tienda de campaña

oficina de turisme

la información turística

platja

la playa

carta de crèdit

la tarjeta de crédito

esmorzar

el desayuno

dinar

el almuerzo

sopar

la cena

bitllet

el billete

ascensor

el ascensor

segell

el sello

frontera

la frontera

duana

la aduana

ambaixada

la embajada

visat

la visa

passaport

el pasaporte

transport
el transporte

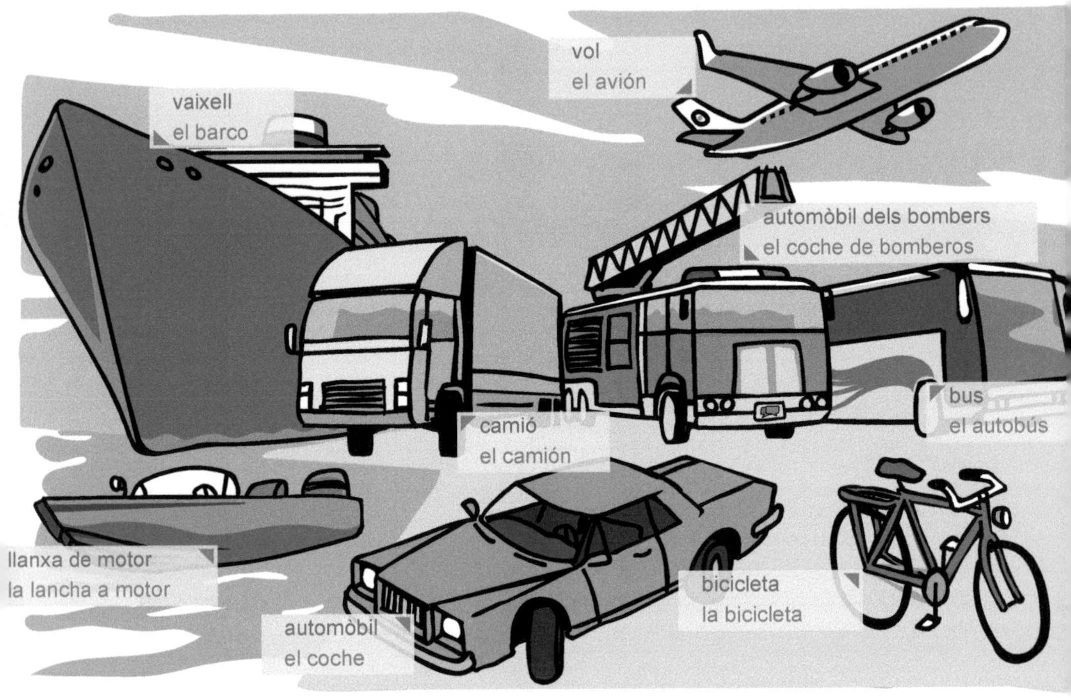

vol
el avión
vaixell
el barco
automòbil dels bombers
el coche de bomberos
camió
el camión
bus
el autobús
llanxa de motor
la lancha a motor
automòbil
el coche
bicicleta
la bicicleta

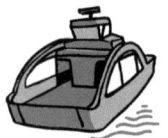

transbordador

el transbordador

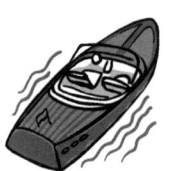

barca

la barca

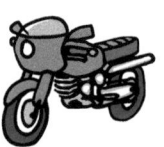

moto

la moto

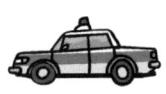

automòbil de policia

el coche de policía

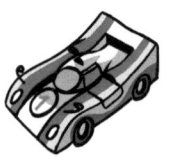

automòbil de curses

el coche de carreras

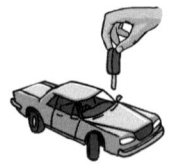

automòbil de lloguer

el coche de alquiler

vehicle compartit
....
el préstamo de vehículos

grua
....
la grúa

camió de les escombraries

el camión de la basura

motor
....
el motor

benzina
....
la gasolina

benzineria
....
la gasolinera

senyal de trànsit
....
la señal de tráfico

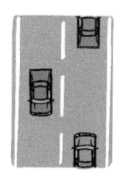

trànsit
....
el tráfico

embús
....
el atasco

aparcament
....
el aparcamiento

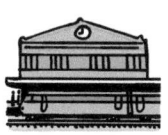

estació de trens
....
la estación de tren

vies
....
las vías

tren
....
el tren

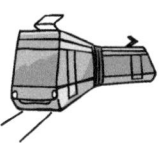

tramvia
....
el tranvía

vagó
....
el vagón

helicòpter

el helicóptero

aeroport

el aeropuerto

torre

la torre

passatger

el pasajero

contenidor

el contenedor

capsa de cartó

la caja de cartón

carretó

la carretilla

cistella

la cesta

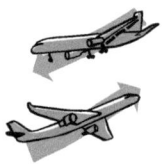

enlairar-se / aterrar

despegar / aterrizar

ciutat

la ciudad

poble

el pueblo

centre de la ciutat

el centro de la ciudad

casa

la casa

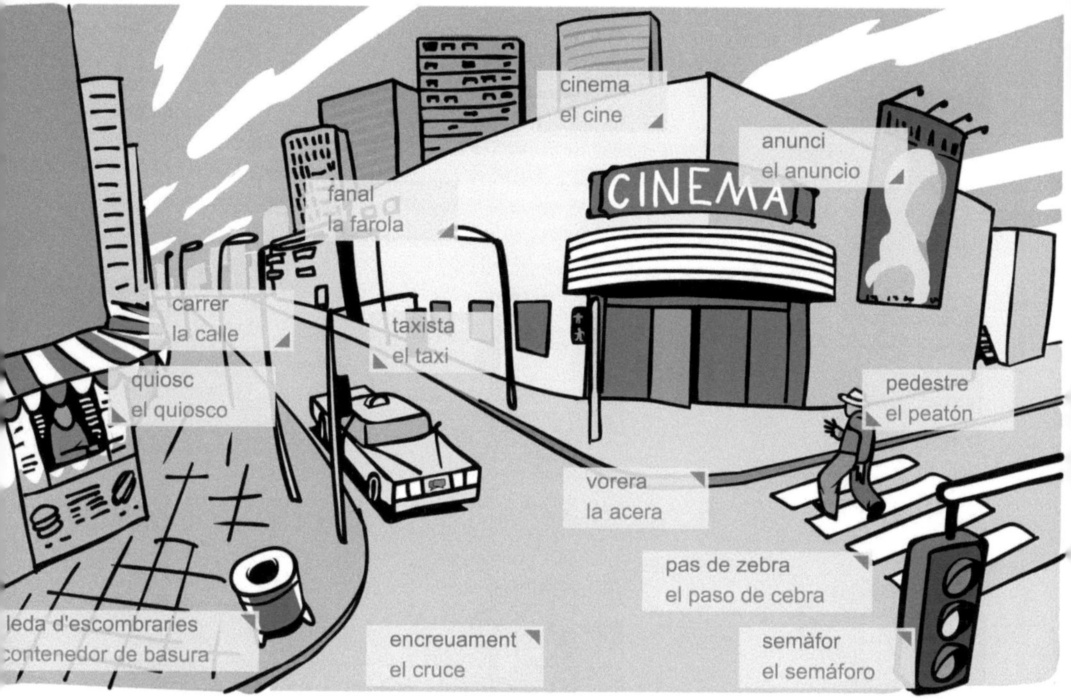

cinema
el cine

anunci
el anuncio

fanal
la farola

CINEMA

carrer
la calle

taxista
el taxi

quiosc
el quiosco

pedestre
el peatón

vorera
la acera

pas de zebra
el paso de cebra

leda d'escombraries
contenedor de basura

encreuament
el cruce

semàfor
el semáforo

cabana

la cabaña

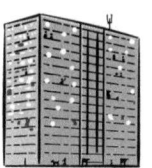

apartament

el apartamento

estació de trens

la estación de tren

casa de la vila-ciutat

el ayuntamiento

museu

el museo

escola

la escuela

universitat

la universidad

banca

el banco

hospital

el hospital

hotel

el hotel

farmàcia

la farmacia

oficina

la oficina

llibreria

la librería

botiga

la tienda de campaña

floristeria

la floristería

supermercat

el supermercado

mercat

el mercado

gran magatzem

los grandes almacenes

peixateria

la pescadería

centre comercial

el centro comercial

port

el puerto

parc
el parque

banc
el banco

pont
el puente

escala
las escaleras

metro
el metro

túnel
el túnel

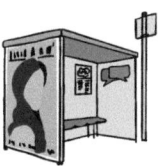

parada d'autobús
la parada de autobús

bar
el bar

restaurant
el restaurante

bústia de correu
el buzón

senyal indicador
el poste indicador

parquímetre
el parquímetro

zoo
el zoo

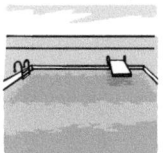

piscina
la piscina

mesquita
la mezquita

granja
la granja

pol·lució
la contaminación

cementiri
el cementerio

església
la iglesia

parc infantil
el patio de juego

temple
el templo

paisatge
el paisaje

fulla
la hoja

cartell indicador
la señal

camí
el camino

prat
el prado

pedra
la piedra

arbre
el árbol

excursionista
el excursionista

riu
el río

gespa
la hierba

flor
la flor

vall
el valle

muntanya
la colina

llac
el lago

bosc
el bosque

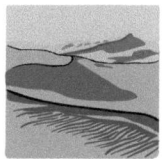

desert
el desierto

volcà
el volcán

castell
el castillo

arc de Sant Martí
el arcoíris

bolet
el champiñón

palmera
la palmera

moscard
el mosquito

mosca
la mosca

formiga
la hormiga

abella
la abeja

aranya
la araña

escarabat

el escarabajo

granota

la rana

esquirol

la ardilla

eriçó

el erizo

llebre

la liebre

òliba

la lechuza

ocell

el pájaro

cigne

el cisne

senglar

el jabalí

cervo

el ciervo

ant

el alce

presa

la presa

turbina

la turbina eólica

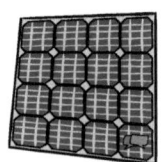

panell solar

el panel solar

clima

el clima

cambrer
el camarero

menú
el menú

cadira
la silla

sopa
la sopa

pizza
la pizza

coberts
la cubertería

tovalla
el mantel

primer plat

el primer plato

plat principal

el plato principal

darreries

el postre

begudes

las bebidas

menjar

la comida

ampolla

la botella

menjar ràpid

la comida rápida

menjar de carrer

la comida callejera

tetera

la tetera

sucrer

el azucarero

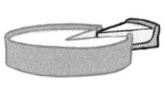

porció

la porción

màquina d'espresso

la cafetera expreso

trona

la trona

factura

la cuenta

plata

la bandeja

ganivet

el cuchillo

forqueta

el tenedor

cullera

la cuchara

cullereta

la cucharilla

tovalló

la servilleta

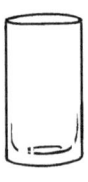

got

el vaso

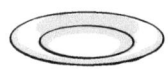

plat

el plato

plat de sopa

el plato hondo

plateret

el platillo

salsa

la salsa

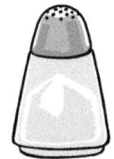

saler

el salero

molinet de pebre

el molinillo de pimienta

vinagre

el vinagre

oli

el aceite

espècies

las especias

quètxup

el ketchup

mostassa

la mostaza

maionesa

la mayonesa

supermercat

el supermercado

oferta especial
la oferta especial
FOR
client
el cliente
productes lactis
los lácteos
fruites
la fruta
carret de la compra
el carro de compra

BUTCHERS

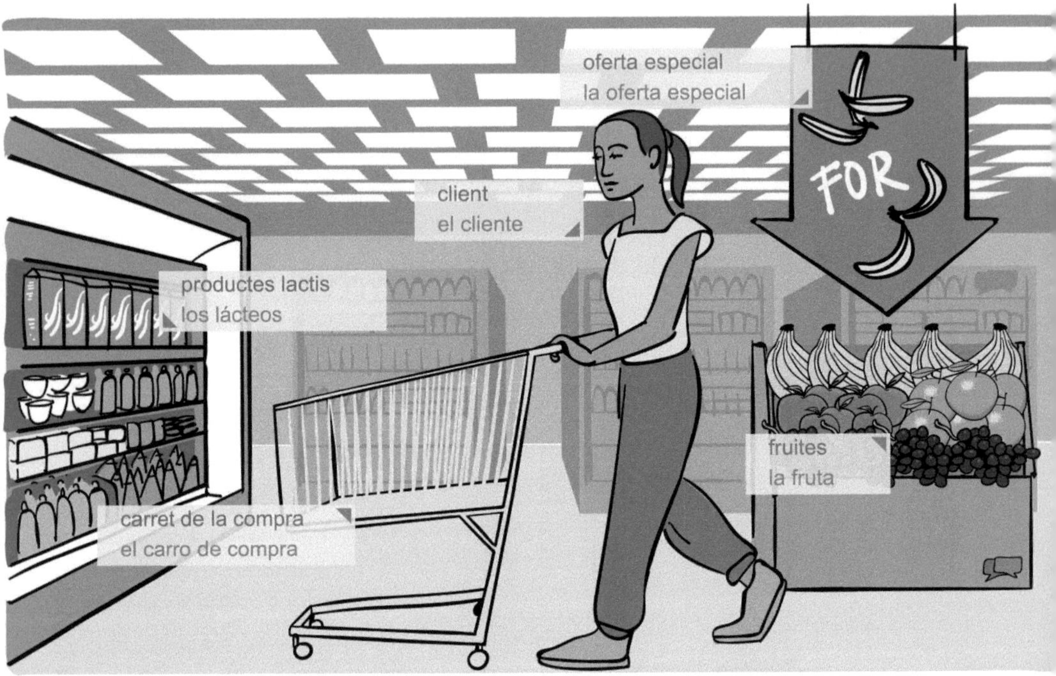

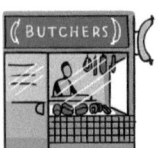

carnisseria

la carniceria

BAKERY

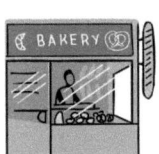

forn de pa

la panadería

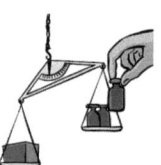

pesar

pesar

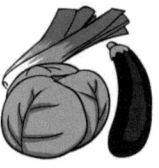

verdures

las verduras

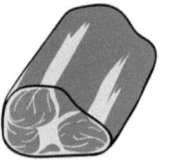

carn

la carne

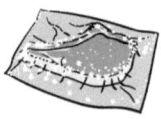

menjar congelat

los alimentos congelados

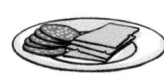

carn freda

los fiambres

conserves

las conservas

detergent en pols

el detergente en polvo

dolços

los dulces

articles domèstics

productos de uso doméstico

productes de neteja

productos de limpieza

venedora

la vendedora

caixa registradora

la caja de cartón

caixera

el cajero

llista de la compra

la lista de la compra

horari d'obertura

el horario de atención al público

portamonedes

la cartera

carta de crèdit

la tarjeta de crédito

bossa

la bolsa de plástico

bossa de plàstic

la bolsa de plástico

begudes
las bebidas

aigua

el agua

suc

el zumo

llet

la leche

coca-cola

la cola

vi

el vino

cervesa

la cerveza

alcohol

el alcohol

cacau

el cacao

te

el té

cafè

el café

espresso

el expreso

cappuccino

el capuchino

banana

el plátano

poma

la manzana

taronja

la naranja

síndria

el melón

llimona

el limón

pastanaga

la zanahoria

all

el ajo

bambú

el bambú

ceba

la cebolla

bolet

el champiñón

avellanes

las avellanas

fideus

los fideos

espaguetis

las espagueti

arròs

el arroz

amanida

la ensalada

patates fregides

las patatas fritas

patates fregides

las patatas fritas

pizza

la pizza

hamburguesa

la hamburguesa

entrepà

el sándwich

escalopa

el filete

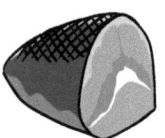

cuixot

el jamón

salami

le salami

salsitxa

la salchicha

pollastre

el pollo

rostit

el asado

peix

el pescado

flocs de civada

los copos de avena

musli

el muesli

cereals

los copos de maíz

farina

la harina

croissant

el cruasán

panet

el panecillo

pa

el pan

torrada

la tostada

bescuits

las galletas

mantega

la mantequilla

mató

la cuajada

pastís

el pastel

ou

el huevo

ou fregit

el huevo frito

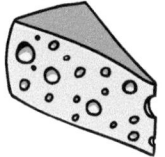

formatge

el queso

gelat

el helado

sucre

el azúcar

mel

la miel

melmelada

la mermelada

crema de xocolata

la crema de turrón

curri

el curry

granja
la granja

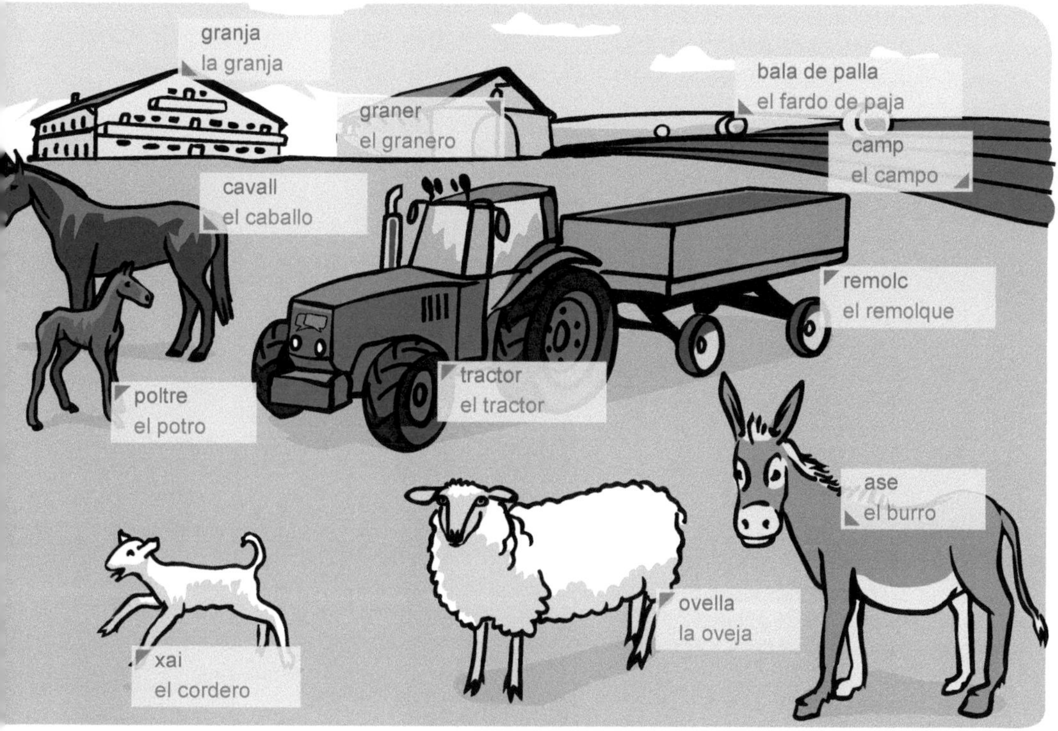

granja
la granja
graner
el granero
bala de palla
el fardo de paja
camp
el campo
cavall
el caballo
remolc
el remolque
tractor
el tractor
poltre
el potro
ase
el burro
ovella
la oveja
xai
el cordero

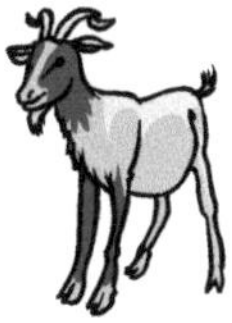

cabra

la cabra

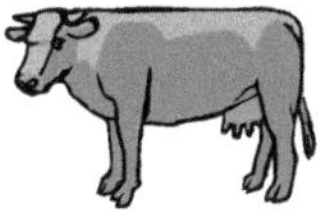

vaca

la vaca

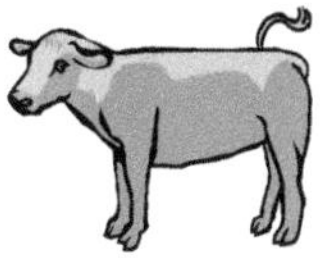

vedella

el ternero

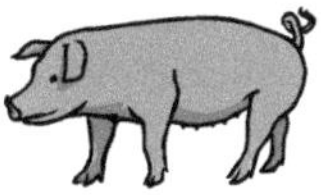

porc

el cerdo

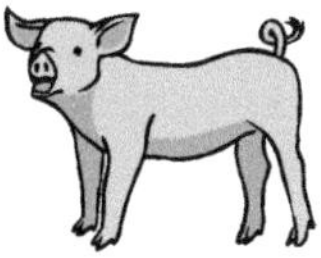

garrí

el cerdito

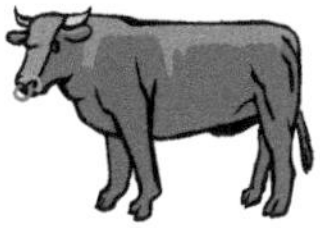

bou

el toro

oca
el ganso

ànec
el pato

poll
el pollo

gall
la gallina

gallina
el gallo

rata
la rata

gat
el gato

ratolí
el ratón

bou
el buey

gos
el perro

gossera
la perrera

mànega de regar
la manguera

regadora
la regadera

dalla
la guadaña

arada
el arado

falç

la hoz

aixada

la azada

forca

la horca

destral

el hacha

carretó

la carretilla

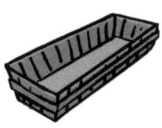

abeurador

el abrevadero

lletera

la lechera

sac

el saco

tanca

la valla

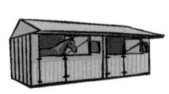

establa

el establo

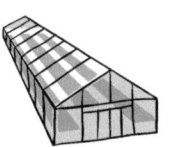

hivernacle

el invernadero

sòl

el suelo

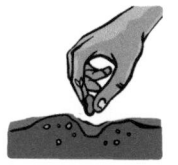

llavor

la semilla

adob

el fertilizador

collidora

la cosechadora

collir
cosechar

collita
la cosecha

nyam
el ñame

blat
el trigo

soja
el soja

patata
la patata

blat de moro o d'indi
el maíz

colza
la semilla de colza

arbre fruiter
el árbol frutal

mandioca
la mandioca

cereals
las cereales

fumera
la chimenea

teulada
el tejado

canaló
el canalón

finestra
la ventana

garatge
el garaje

campana
el timbre

porta
la puerta

galleda de les escombraries
el cubo de basura

bústia de correu
el buzón

jardí
el jardín

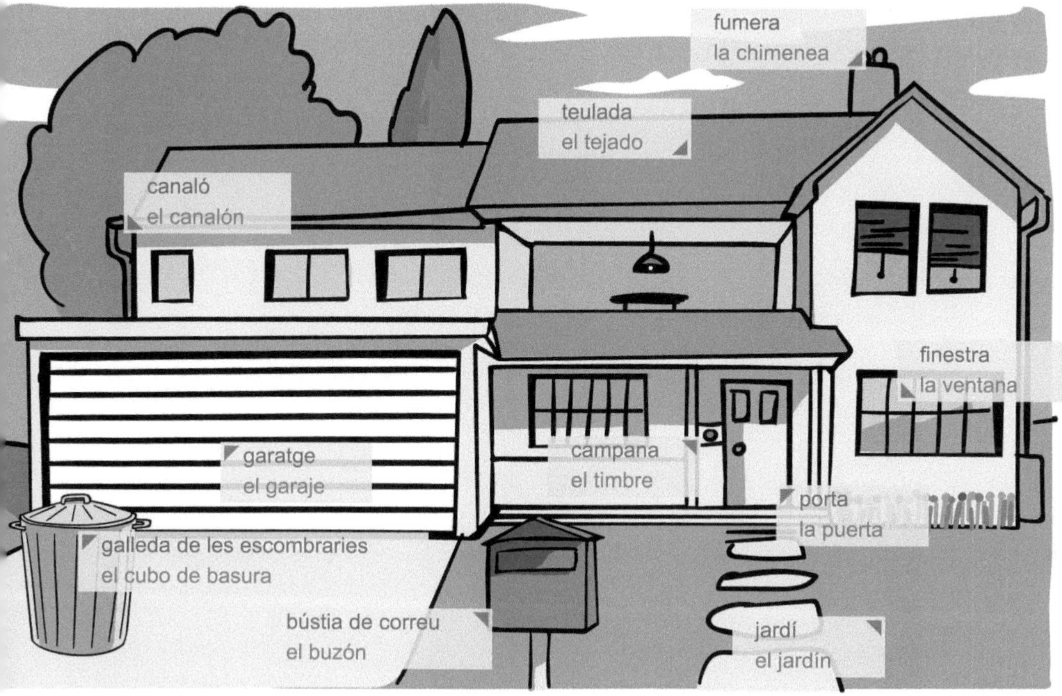

sala d'estar
....
la sala

bany
....
el cuarto de baño

cuina
....
la cocina

cambra de dormir
....
el dormitorio

cambra de nen
....
la habitación de los niños

menjador
....
el comedor

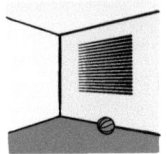

sòl
....
el suelo

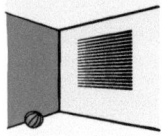

paret
....
la pared

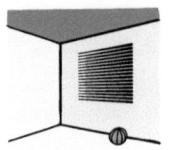

sostre
....
el techo

soterrani
....
el sótano

sauna
....
la sauna

balcó
....
el balcón

terrassa
....
la terraza

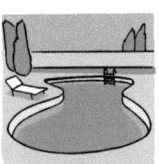

piscina
....
la piscina

tallagespa
....
el cortacésped

vànova
....
la sábana

cobrellit
....
la colcha

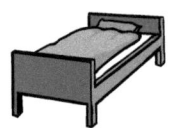

llit
....
la cama

escombra
....
la escoba

galleda
....
el balde

interruptor
....
el interruptor

sala d'estar
la sala

paper de paret
el papel pintado
quadre
la imagen
làmpada
la lámpara
prestatge
el estante
armari
el armario
televisor
la televisión
escalfapanxes
la chimenea
flor
la flor
coixí
el cojín
sofà
el sofá
gerro
el jarrón
telecomanda
el mando a distancia

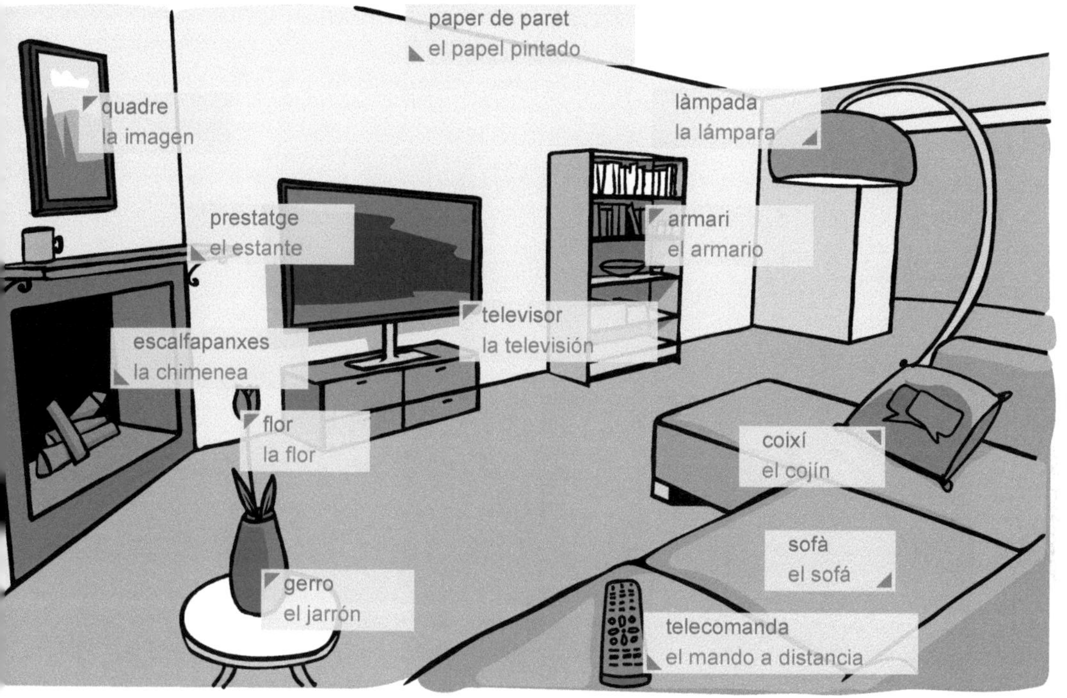

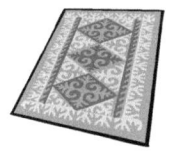

catifa

la alfombra

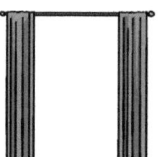

cortina

la cortina

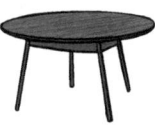

taula

la mesa

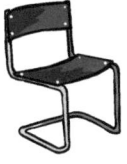

cadira

la silla

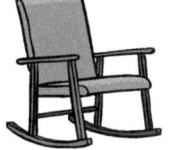

cadira gronxadora

el mecedora

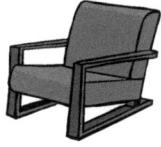

cadiral

la butaca

llibre

el libro

llençol

la manta

decoració

la decoración

llenya

la leña

film

la película

cadena de música

el equipo de música

clau

la llave

diari

el periódico

pintura

la pintura

cartell

el póster

ràdio

la radio

bloc de notes

el cuaderno

aspiradora

la aspiradora

cactus

el cactus

candela

la vela

cuina
la cocina

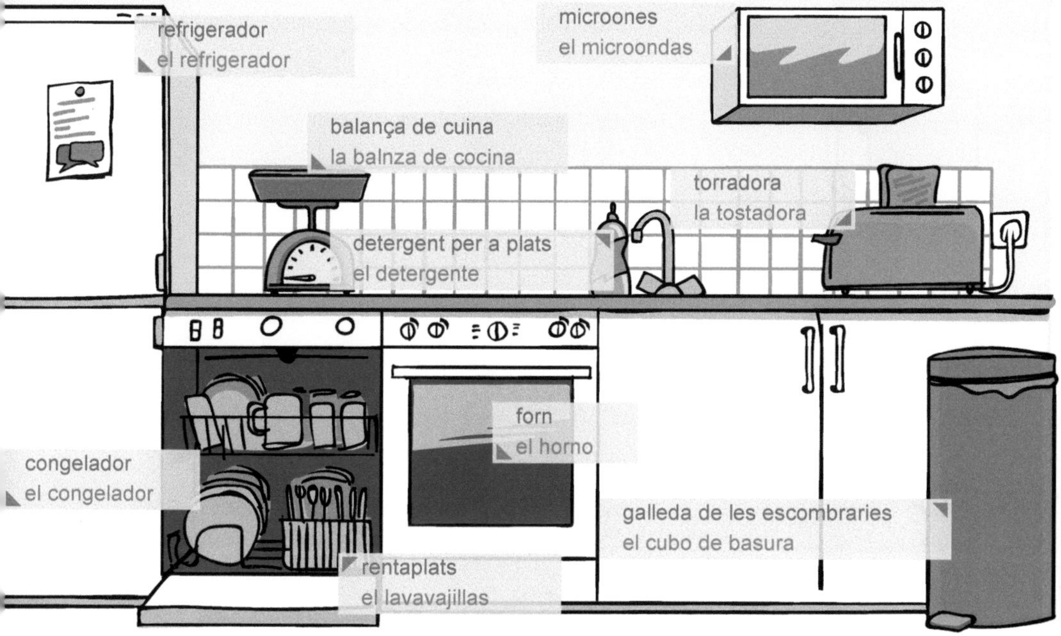
refrigerador
el refrigerador
microones
el microondas
balança de cuina
la balnza de cocina
torradora
la tostadora
detergent per a plats
el detergente
forn
el horno
congelador
el congelador
galleda de les escombraries
el cubo de basura
rentaplats
el lavavajillas

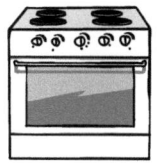

cuina de fogons

la olla a presión

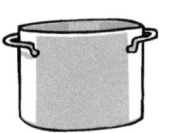

olla

la olla

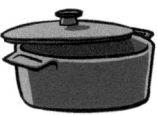

olla de ferro colat

la olla de hierro fundido

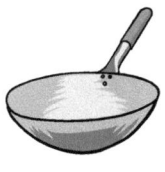

wok / karahi

el wok

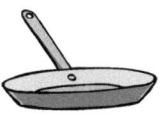

paella

la cazuela

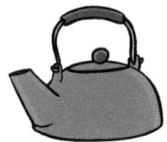

bullidor

el hervidor

olla de vapor

la vaporera

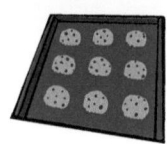

plata de forn

la chapa de horno

vaixella

la vajilla

tassa grossa

la taza

bol

el tazón

bastonets xinesos

los palillos

culler

el cucharón

espàtula

la espumadera

batedor

el batidor

colador

el colador

sedàs

el cedazo

ratllador

el rallador

morter

el mortero

barbacoa

la barbacoa

foc a terra

la hoguera

taula de tallar

la tabla de picar

corró

el rodillo

llevataps

el sacacorchos

pot de conserva

la lata

obridor

el abrelatas

agafador

el agarrador

aigüera

el lavabo

raspall

el cepillo

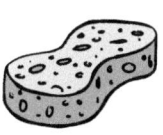

esponja

la esponja

batedora

la batidora

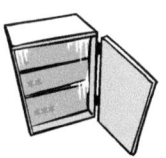

congelador

el congelador

biberó

el biberón

aixeta

el grifo

bany

el cuarto de baño

calefacció
la calefacción
tovallola
la toalla
dutxa
la ducha
cortina de dutxa
la cortina de la ducha
bany de bombollles
el baño de espuma
banyera
la bañera
got
el vaso
rentadora
la lavadora
aixeta
el grifo
rajoles
las baldosas
orinal
el orinal
aigüera
el lavabo

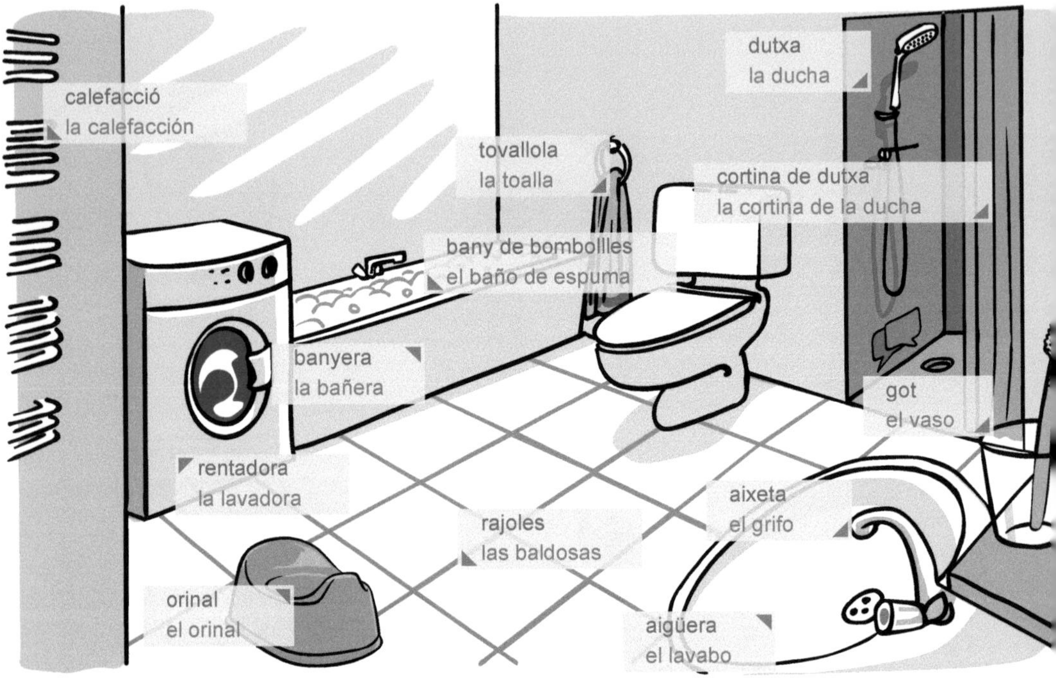

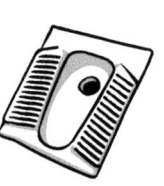

lavabo

el inodoro

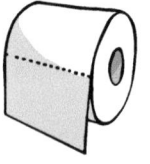

lavabo turc

el inodoro rústico

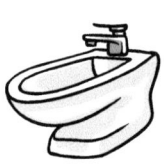

bidet

el bidé

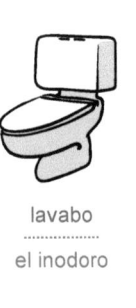

orinador

el urinario

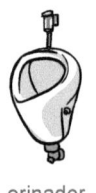

paper higiènic

el papel higiénico

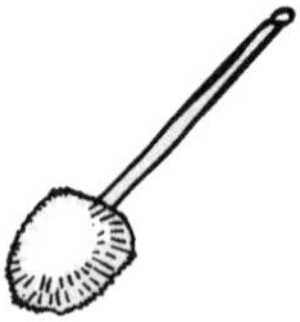

escombreta de sanitari

la escobilla del váter

raspall de dents

el cepillo de dientes

pasta de dents

la pasta de dientes

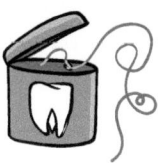

fil dental

el hilo dental

rentar

lavar

pom de dutxa

la ducha de mano

dutxa íntima

la ducha íntima

rentamans

la pila

raspall per a l'esquena

el cepillo de espalda

sabó

el jabón

gel de dutxa

el gel de ducha

xampú

el champú

manyopla de bany

la toallita

bonera

el desagüe

crema

la crema

desodorant

el desodorante

mirall

el espejo

mirall-espill de mà

el espejo de tocador

maquineta de rasar

la maquinilla de afeitar

espuma de barbejar

la espuma de afeitar

loció post-rasada

la loción postafeitado

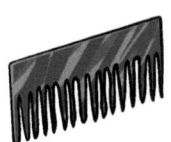

pinta

el peine

raspall

el cepillo

eixugador

el secador

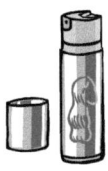

laca

la laca

maquillatge

el maquillaje

pintallavis

el pintalabios

esmalt d'ungles

el pintauñas

cotó

el algodón

tallaungles

el cortauñas

perfum

el perfume

estoig de bellesa

el estuche de viaje

tamboret

la banqueta

bàscula

la balanza

barnús

el albornoz

guants de goma

los guantes de goma

compresa higiènica

el tampón

compresa

la compresa

sanitari químic

el inodoro químico

cambra de nen

la habitación de los niños

despertador
el despertador
animal de peluix
el peluche
auto de joguina
el coche de juguete
sonall
el sonajero
casa de nines
la casa de muñecas
present
el regalo

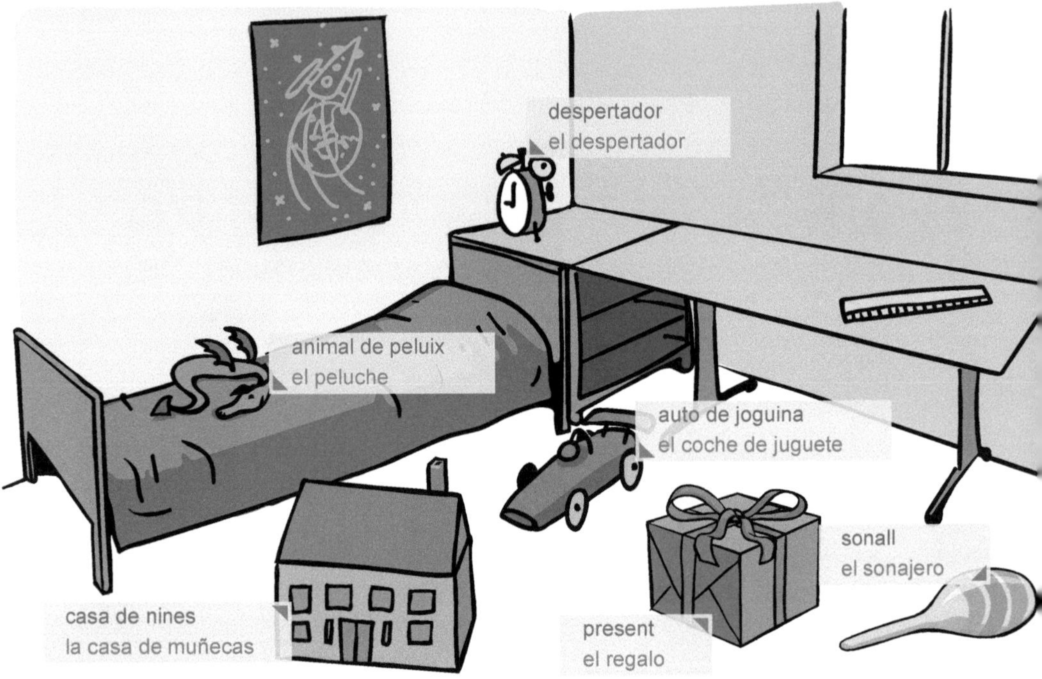

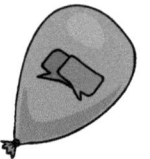

baló
el globo

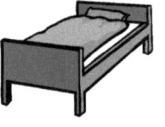

llit
la cama

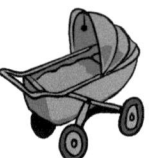

cotxet per a nens
el coche de niño

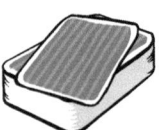

joc de cartes
los naipes

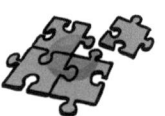

trencaclosca
el puzle

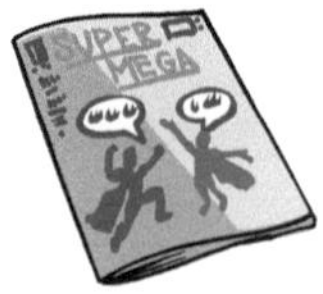

historieta
el tebeo

peces de lego

las piezas de lego

peces de construcció

los bloques de juguete

ninot d'acció

la figura de acción

granota

el bodi (de bebé)

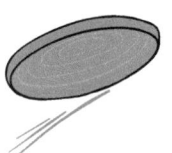

frisbee

el frisbee

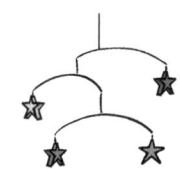

mòbil per a bressol

el colgador móvil para bebés

joc de taula

el juego de mesa

daus

los dados

tren elèctric

el circuito de tren eléctrico

xumet

el maniquí

festa

la fiesta

llibre de dibuixos

el álbum de fotos

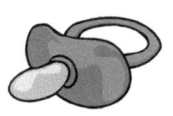

pilota

la pelota

nina

la muñeca

jugar

jugar

sorrera

el cajón de arena

gronxador

el columpio

joguines

los juguetes

consola de jocs de vídeo

la videoconsola

tricicle

el triciclo

osset de peluix

el oso de peluche

armari

la guardarropa

roba

la ropa

mitjons

los calcetines

mitges

las medias

mitja pantaló

los leotardos

tapacoll
la bufanda

paraigua
el paraguas

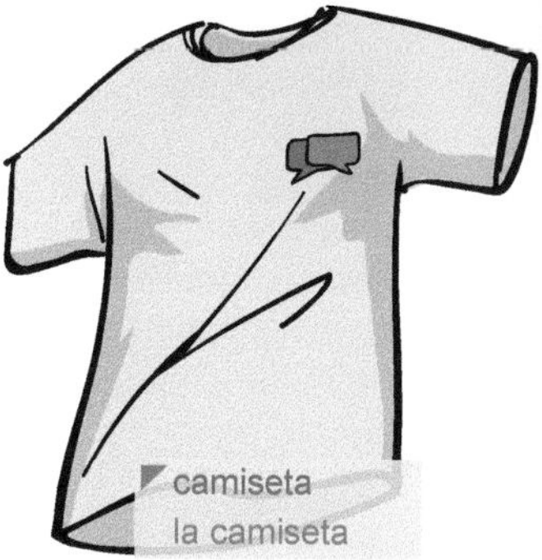

cintura
el cinturón

camiseta
la camiseta

botes
las botas

plantofes
las zapatillas

sabates d'esport
las deportivas

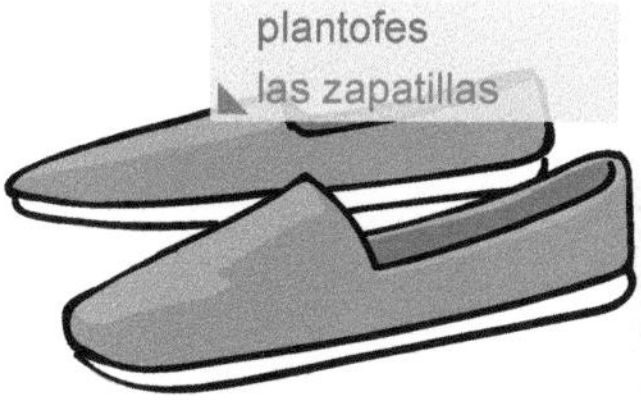

sandàlies

las sandalias

sabates

los zapatos

botes de goma

las botas de goma

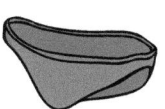

calçonets

el slip

sostenidor

el sostén

guardapits

el chaleco

jjustacòs
el bodi

pantalons
los pantalones cortos

jeans
los vaqueros

faldeta
la falda

brusa
la blusa

camisa
la camisa

jersei
el jersey

dessuadora
el suéter

blazer
el blazer

jaqueta
la chaqueta

mantell
el abrigo

impermeable
la gabardina

vestit de dona
el traje

vestit de dona
el vestido

vestit de núvia
el vestido de novia

vestit d'home

el traje

camisa de dormir

el camisón

pijama

el pijama

sari

el sati

mocador de cap

el bandana

turbant

el turbante

burca

la burka

caftan

el caftán

abaia

la abaya

vestit de bany

el traje de baño

calçon(et)s de bany

el bañador

pantalons curts

los pantalones cortos

xandall

el chándal

davantal

el delantal

guants

los guantes

botó

el botón

ulleres

las gafas

braçalet

el brazalete

collaret

el collar

anell

el anillo

orellera

el pendiente

casquet

la gorra

penjador

la percha

capell

el sombrero

corbata

la corbata

cremallera

la cremallera

casc

el casco

elàstics

los tirantes

uniforme escolar

el uniforme

uniforme

el uniforme

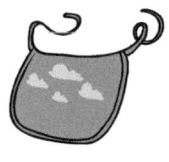

pitet

el babero

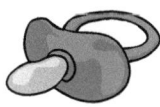

xumet

el maniquí

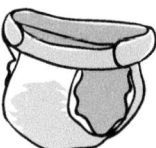

bolquer

el pañal

oficina

la oficina

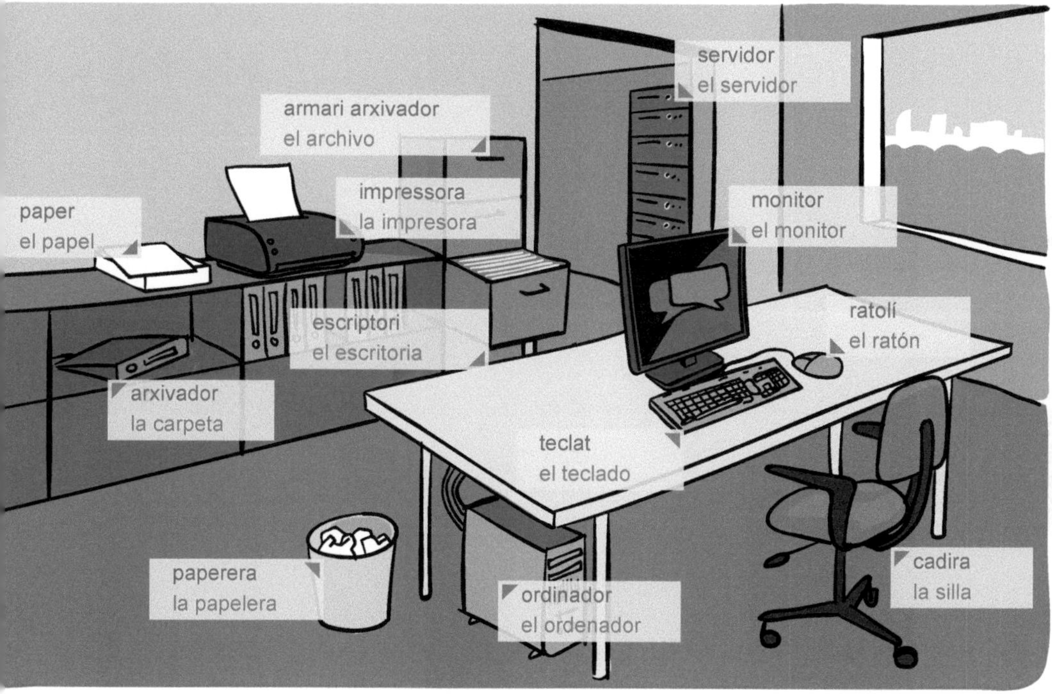

servidor
el servidor
armari arxivador
el archivo
impressora
la impresora
paper
el papel
monitor
el monitor
escriptori
el escritoria
ratolí
el ratón
arxivador
la carpeta
teclat
el teclado
paperera
la papelera
cadira
la silla
ordinador
el ordenador

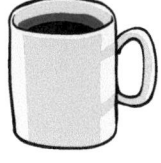

tassa de cafè

la taza de café

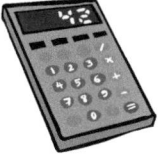

calculadora

la calculadora

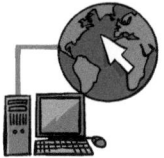

Internet

el internet

ordinador portàtil

el portátil

lletra

la carta

missatge

el mensaje

mòbil

el móvil

xarxa

la red

fotocopiadora

la fotocopiadora

programari

el software

telèfon

el teléfono

presa de corrent

la toma de corriente

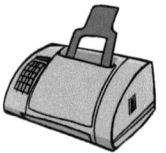

fax

el fax

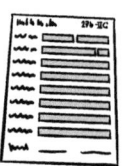

formulari

el formulario

document

el documento

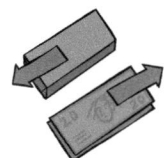

comprar
comprar

pagar
pagar

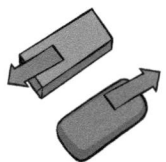

comerciar
comerciar

diners
el dinero

USD

dòlar
el dólar

EUR

euro
el euro

JPY

ien
el yen

RUB

ruble
el rublo

CHF

franc suís
el franco suizo

CNY

renminbi
el renminbi yuan

INR

rupia
la rupia

caixa automàtica
el cajero automático

oficina de canvi

la oficina de cambio de divisas

or

el oro

argent

la plata

petroli

el petróleo

energia

la energía

preu

el precio

contracte

el contrato

impost

el impuesto

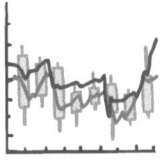

acció

la acción

treballar

trabajar

treballador

el empleador

empresari

el empleador

fàbrica

la fábrica

botiga

la tienda de campaña

oficis
los oficios

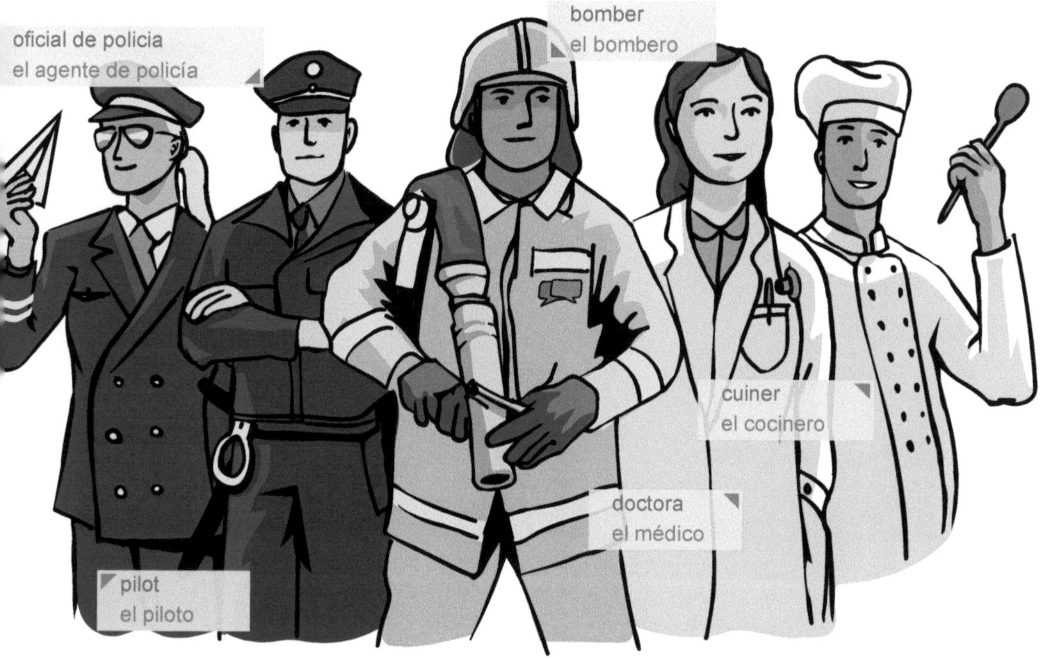
oficial de policia
el agente de policía
bomber
el bombero
cuiner
el cocinero
doctora
el médico
pilot
el piloto

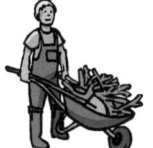

jardiner

el jardinero

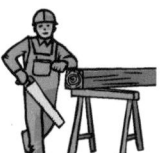

fuster

el carpintero

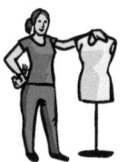

costurera

la costurera

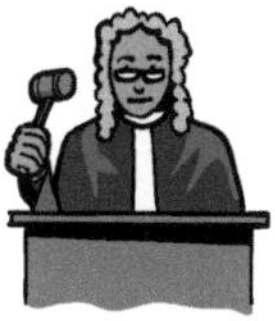

jutge

el juez

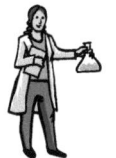

química

el farmacéutico

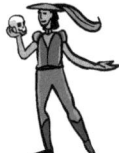

actor

el actor

conductor d'autobús
....
el conductor de autobús

taxista
....
el taxista

pescador
....
el pescador

dona de la neteja
....
la señora de la limpieza

ensostrador
....
el techador

cambrer
....
el camarero

caçador
....
el cazador

pintor
....
el pintor

forner
....
el panadero

electricista
....
el electricista

obrer de la construcció
....
el obrero

enginyer
....
el ingeniero

carnisser
....
el carnicero

llanterner
....
el fontanero

correu
....
el cartero

soldat

el soldado

arquitecte

el arquitecto

caixera

el cajero

florista

el florista

perruquer

el peluquero

revisor

el revisor

mecànic

el mecánico

capità

el capitán

dentista

el dentista

científic

el científico

rabí

el rabino

imam

el imán

monjo

el monje

capellà

el sacerdote

eines
las herramientas

tenalles
los alicates
martell
el martillo
descaragolador
el destornillador
llanterna
la linterna
clau anglesa
la llave

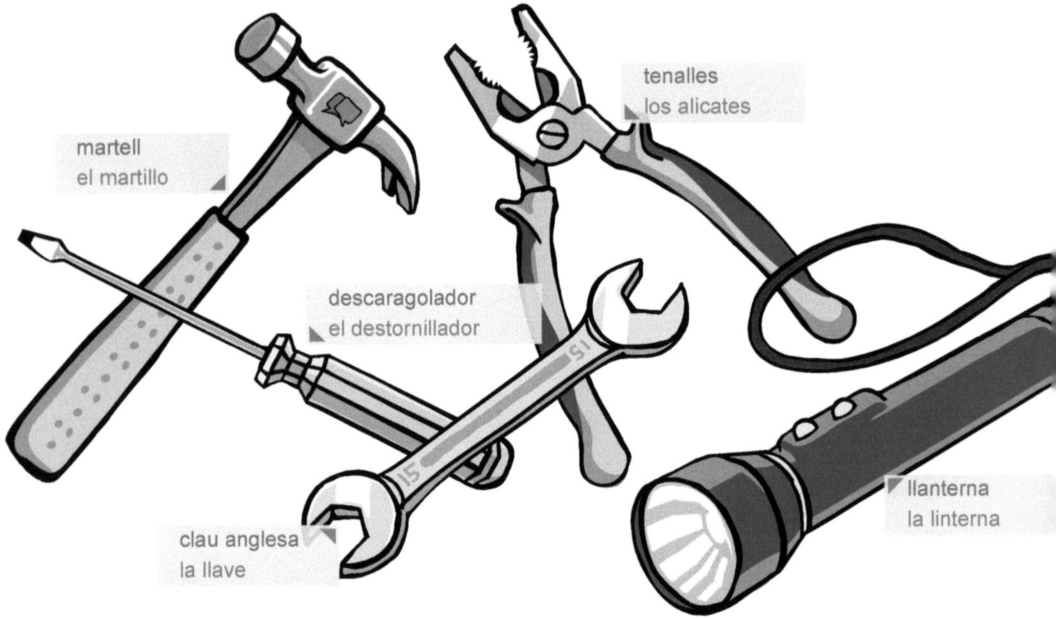

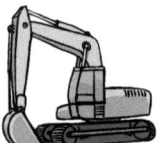

excavadora
la excavadora

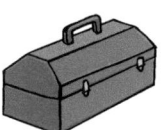

caixa d'eines
la caja de herramientas

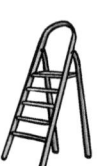

escala
la escalera de mano

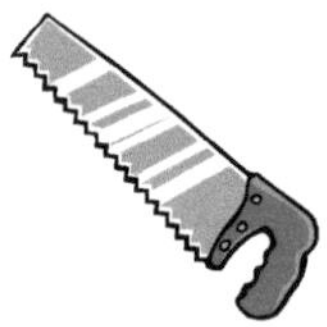

serra
la sierra

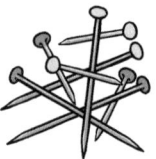

claus
los clavos

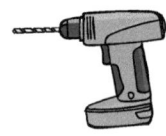

trepant
el taladro

reparar

reparar

pala

la pala

Maleït siga!

¡Maldita sea!

pala

el recogedor

pot de pintura

el bote de pintura

caragols

los tornillos

instrument de música
los instrumentos musicales

bateria
la batería

altaveu
el altavoz

contrabaix
el contrabajo

trompeta
la trompeta

guitarra
la guitarra

piano

el piano

violí

el violín

baix

bajo

timbal

los timbales

tambor

el tambor

teclat

el teclado

saxofon

el saxofón

flauta

la flauta

micròfon

el micrófono

instrument de música - los instrumentos musicales

zoo
el zoo

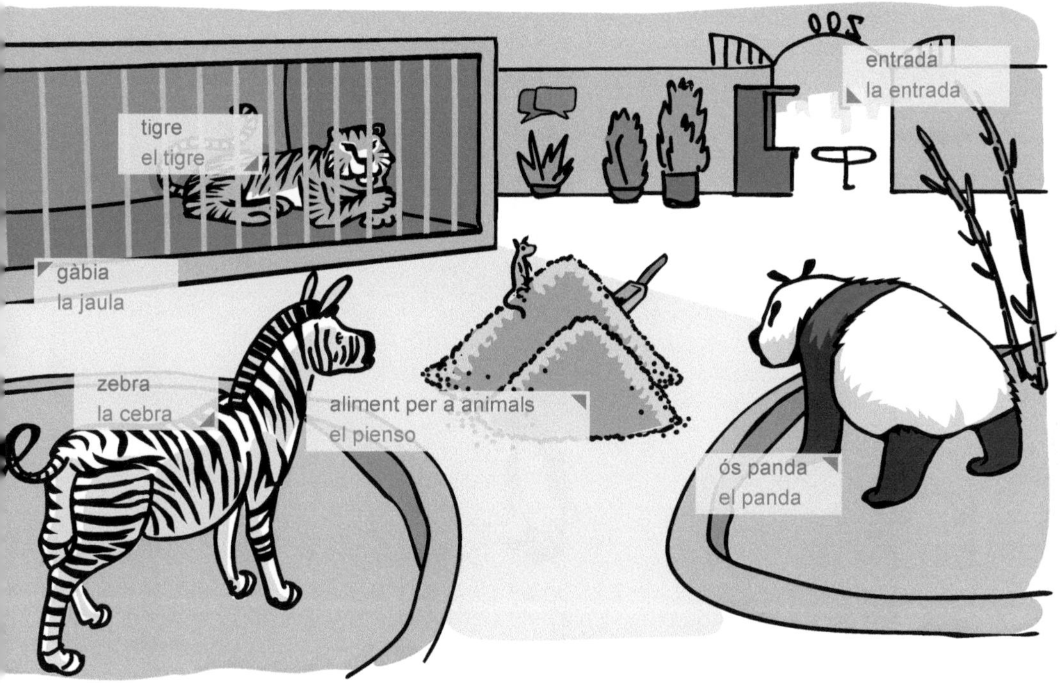
entrada
la entrada
tigre
el tigre
gàbia
la jaula
zebra
la cebra
aliment per a animals
el pienso
ós panda
el panda

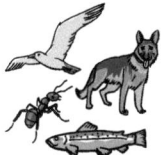

animals

los animales

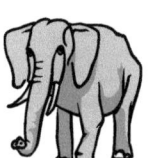

elefant

el elefante

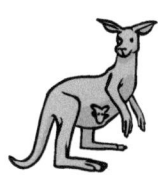

cangurú

el canguro

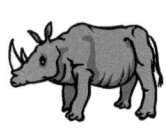

rinoceront

el rinoceronte

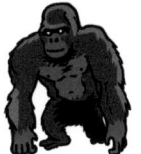

goril·la

el gorila

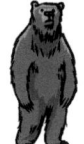

ós

el oso

camell

el camello

estruç

el avestruz

lleó

el león

simi

el mono

flamenc

el flamingo

papagai

el loro

ós polar

el oso polar

pingüí

el pingüino

ca mari

el tiburón

paó

el pavo real

serp

la serpiente

cocodril

el cocodrilo

guardià del zoo

el guardián de zoológico

foca

la foca

jaguar

el jaguar

poni

el poni

lleopard

el leopardo

hipopòtam

el hipopótamo

girafa

la jirafa

àliga

el águila

senglar

el jabalí

peix

el pescado

tortuga

la tortuga

morsa

la morsa

guineu

el zorro

gasela

la gacela

futbol americà
el fútbol americano

ciclisme
el ciclismo

tenis
el tenis

bàsquet
el baloncesto

natació
la natación

boxa
el boxeo

hoquei sobre gel
el hockey sobre hielo

futbol americà
el fútbol

bàdminton
el bádminton

atletisme
el atletismo

handbol
el balonmano

esquí
el esquí

polo
el polo

activitats
las actividades

riure
reír
saltar
saltar
abraçar
abrazar
anar
caminar
cantar
cantar
somiar
soñar
pregar
rezar
fer un petó
besar

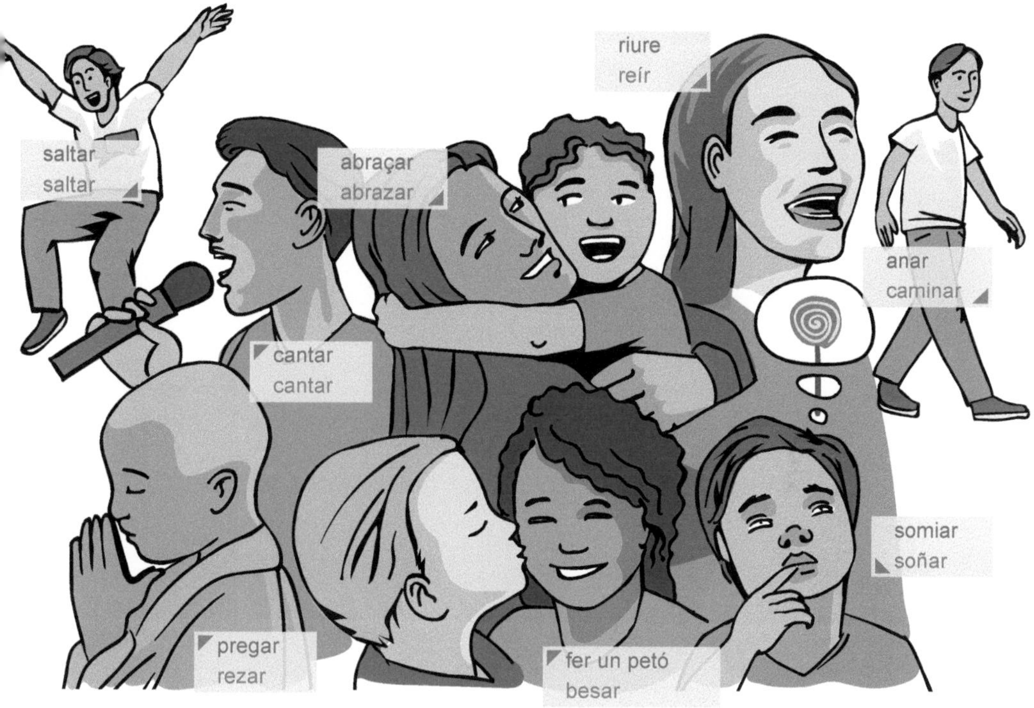

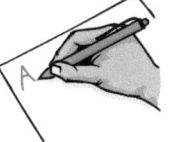

escriure
escribir

dibuixar
dibujar

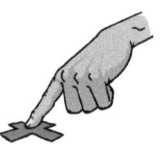

mostrar
mostrar

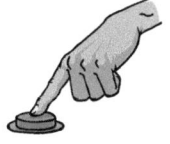

pitjar
empujar

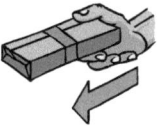

donar
dar

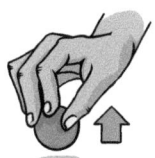

prendre
tomar

tenir

tener

fer

hacer

ésser

ser

estar dret

estar de pie

córrer

correr

estirar

tirar

llançar

tirar

caure

caer

jeure

yacer

esperar

esperar

portar

llevar

asseure's

estar sentado

vestir-se

vestirse

dormir

dormir

despertar-se

despertar

mirar
mirar

plorar
llorar

amoixar
acariciar

pentinar
peinar

parlar
hablar

comprendre
entender

demanar
preguntar

escoltar
escuchar

beure
beber

menjar
comer

endreçar
ordenar

estimar
amar

cuinar
cocinar

conduir
conducir

volar
volar

activitats - las actividades

navegar

navegar

calcular

calcular

llegir

leer

aprendre

aprender

treballar

trabajar

casar-se

casarse

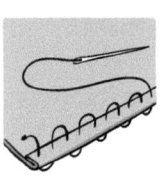

cosir

coser

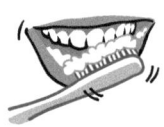

raspallar-se les dents

cepillarse los dientes

matar

matar

fumar

fumar

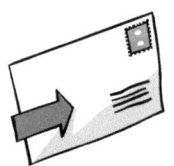

enviar

enviar

família
la familia

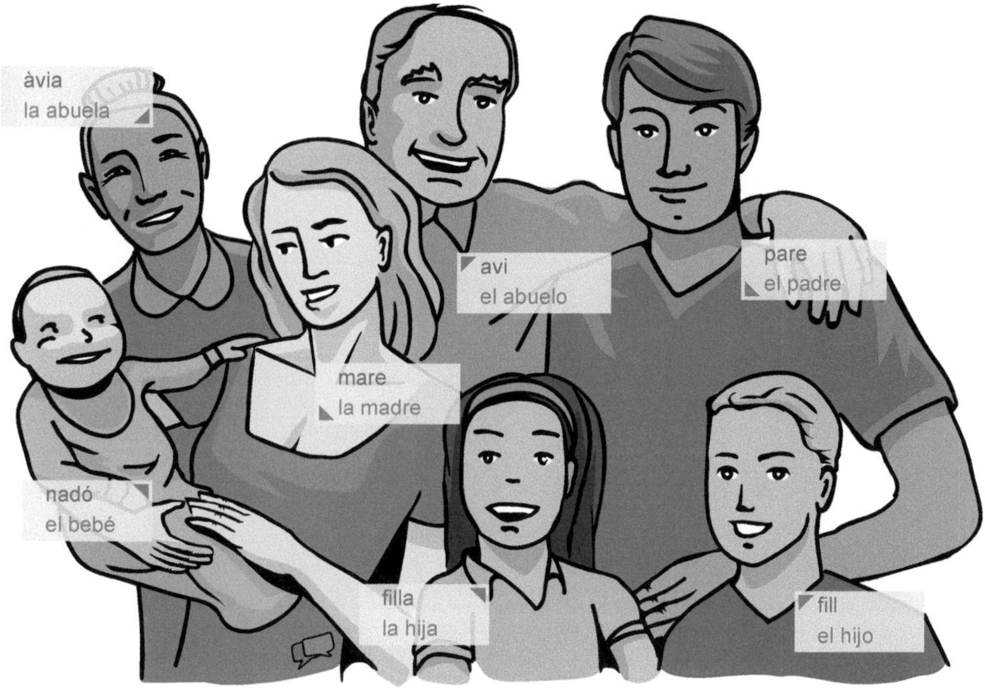
àvia
la abuela
avi
el abuelo
pare
el padre
mare
la madre
nadó
el bebé
filla
la hija
fill
el hijo

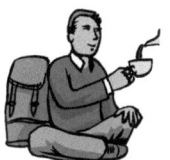

convidat

el invitado

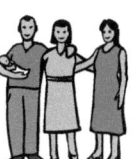

tia

la tía

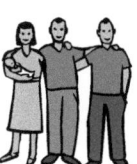

oncle

el tío

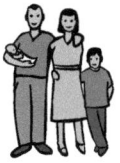

germà

el hermano

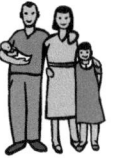

germana

la hermana

cos

el cuerpo

front
la frente
ull
el ojo
espatlla
el hombro
dit
el dedo
cara
la cara
barbeta
la barbilla
mà
la mano
cama
la pierna
pit
el pecho
braç
el brazo

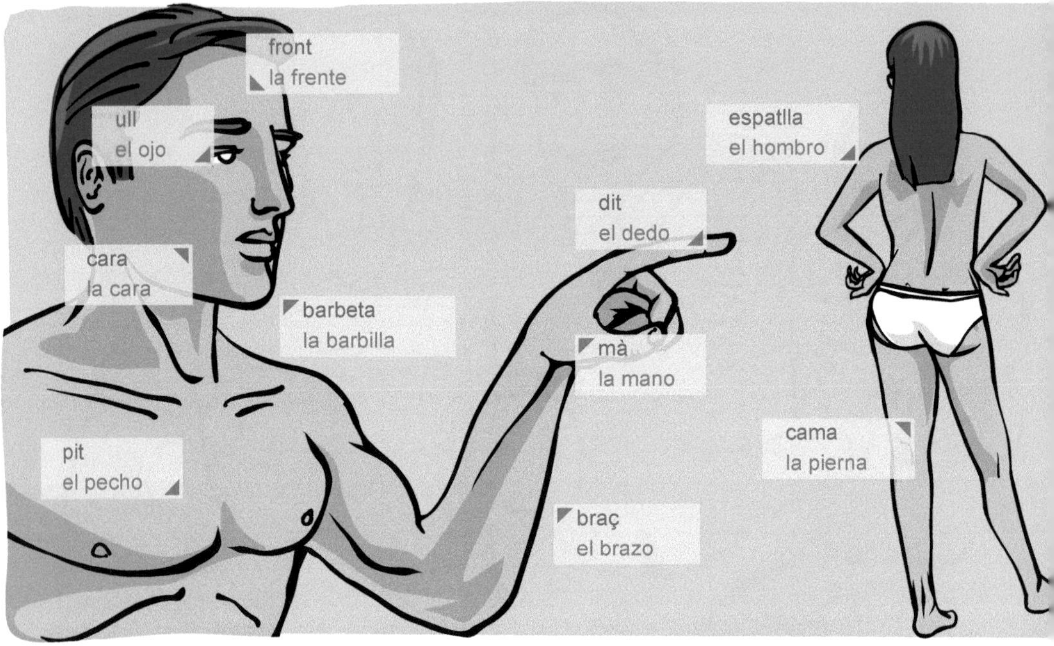

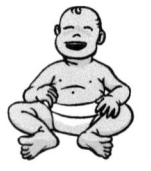

nadó

el bebé

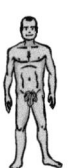

home

el hombre

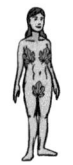

dona

la mujer

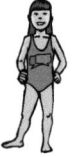

noia

la chica

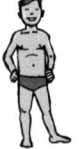

noi

el chico

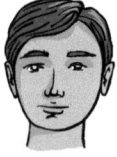

cap

la cabeza

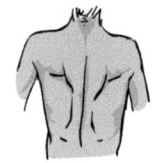

esquena

la espalda

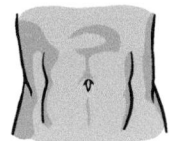

panxa

el vientre

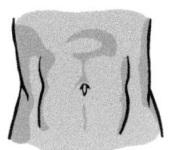

melic

el ombligo

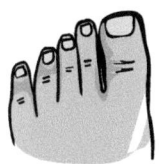

dit gros del peu

el dedo del pie

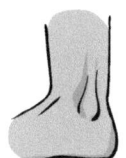

taló

el talón

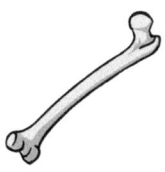

os

el hueso

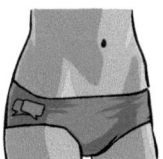

maluc

la cadera

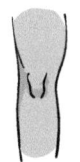

genoll

la rodilla

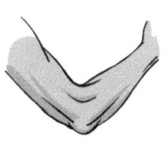

colze

el codo

nas

la nariz

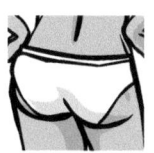

cul

el trasero

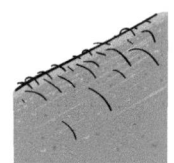

pell

la piel

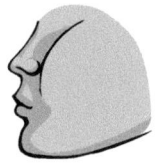

galta

la mejilla

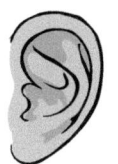

orella

el oído

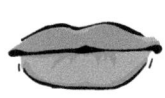

llavi

el labio

cos - el cuerpo

boca

la boca

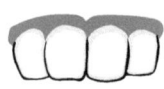

dent

el diente

llengua

la lengua

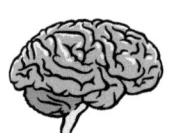

cervell

el cerebro

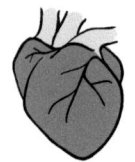

cor

el corazón

múscul

el músculo

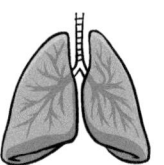

pulmó

el pulmón

fetge

el hígado

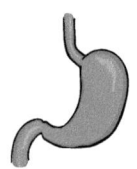

estómac

el estómago

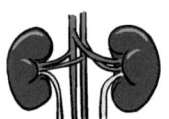

ronyó

los riñones

relació sexual

el sexo

preservatiu

el condón

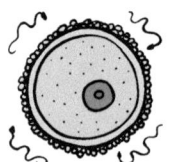

ovari

el ovario

semen

el semen

prenyat

el embarazo

cos - el cuerpo

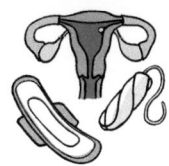

menstruació

la menstruación

vagina

la vagina

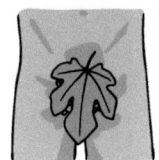

penis

el pene

cella

la ceja

cabells

el pelo

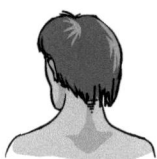

coll

el cuello

hospital
el hospital

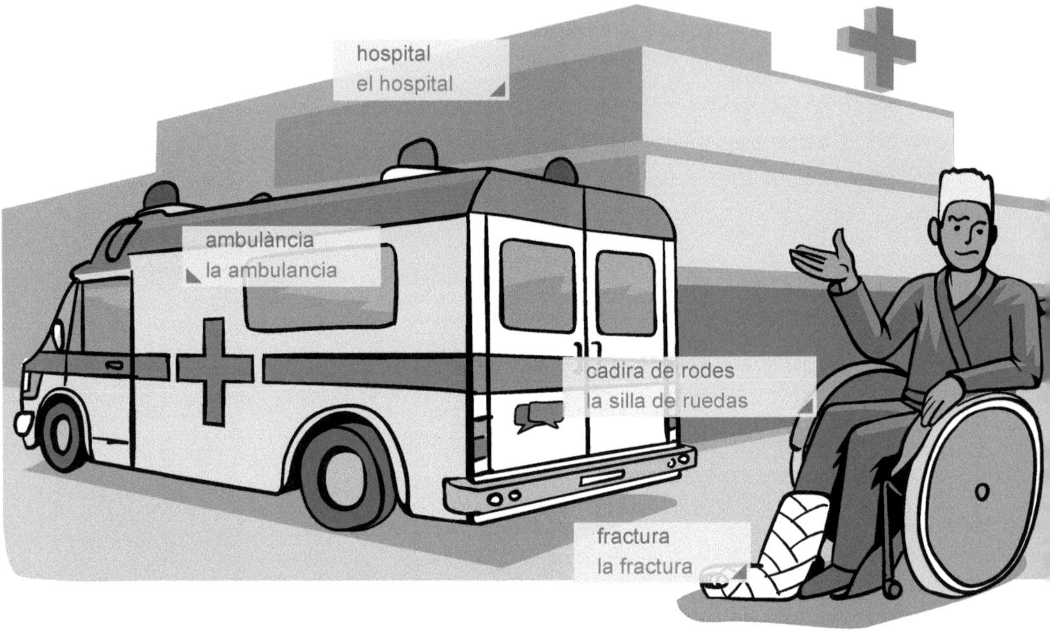

hospital
el hospital
ambulància
la ambulancia
cadira de rodes
la silla de ruedas
fractura
la fractura

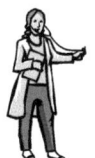

doctora

el médico

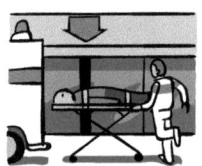

sala d'urgències

la sala de urgencias

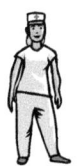

infermera

la enfermera

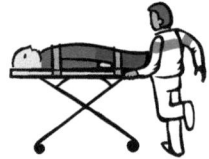

urgència

la urgencia

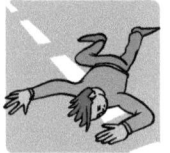

inconscient

inconsciente

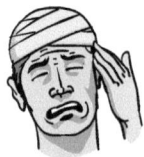

dolor

el dolor

ferida

la lesión

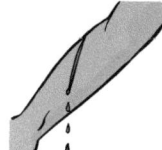

sagnament

la hemorragia

atac de cor

el infarto

apoplexia

el ictus

al·lèrgia

la alergia

tos

la tos

febre

la fiebre

gripa

la gripe

diarrea

la diarrea

mal de cap

el dolor de cabeza

càncer

el cáncer

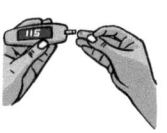

diabetis

la diabetes

cirurgià

el cirujano

escalpel

el bisturí

operació

la operación

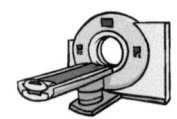

tomografia computada (TC), TAC
....
TAC

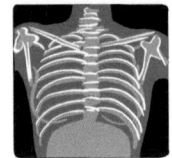

raigs x
....
los rayos x

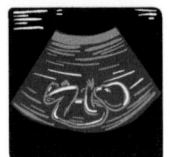

ultrasò
....
el ultrasonido

mascareta
....
la mascarilla

malaltia
....
la enfermedad

sala d'espera
....
la sala de espera

crossa
....
la muleta

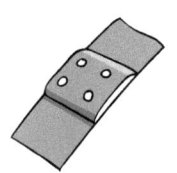

tireta
....
la tirita

embenat
....
la venda

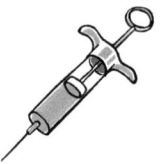

injecció
....
la inyección

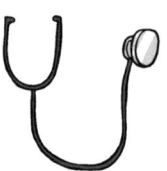

estetoscopi
....
el estetoscopio

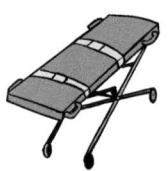

llitera
....
la camilla

termòmetre clínic
....
el termómetro

pariment
....
el nacimiento

sobrepès
....
el sobrepeso

hospital - el hospital

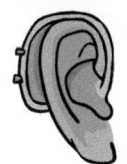

aparell auditiu

el audífono

desinfectant

el desinfectante

infecció

la infección

virus

el virus

VIH / SIDA

VIH / SIDA

medicina

la medicina

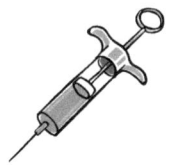

vaccí

la vacunación

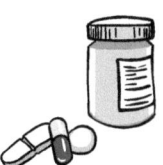

comprimits

las tabletas

píl·lola

la pastilla

trucada d'urgència

la llamada de urgencia

tensiòmetre

el tensiómetro

malalt / sà

enfermo / sano

Socors!
¡Socorro!

alarma
la alarma

assalt
el asalto

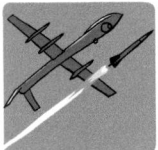

atac
el ataque

perill
el peligro

sortida-eixida d'urgència
la salida de emergencia

Foc!
¡Fuego!

extintor
el extintor de incendios

accident
el accidente

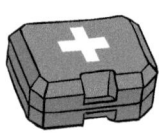

farmaciola de primers
auxilis
el botiquín de primeros
auxilios

SOS
SOS

policia
la policía

Europa

Europa

Amèrica del Nord

Norteamérica

Amèrica del Sud

Sudamérica

Àfrica

África

Àsia

Asia

Austràlia

Australia

Atlàntic

el atlántico

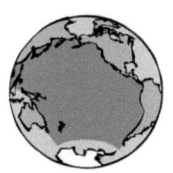

Pacífic

el Pacífico

Oceà Índic

el Océano Índico

Oceà Antàrtic

el Océano Antártico

Oceà Àrtic

el Océano Ártico

pol nord

el polo norte

pol sud

el polo sur

Antàrtida

La Antártida

terra

la tierra

país

la tierra

mar

el mar

illa

la isla

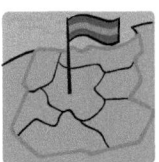

nació

la nación

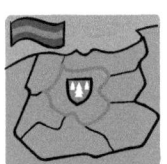

estat

el estado

quadrant

la esfera

agulla de les hores

la manecilla de las horas

agulla dels minuts

el minutero

agulla dels segons

el segundero

Quina hora és?

¿Qué hora es?

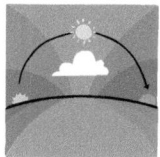

dia

el día

temps

el tiempo

ara

ahora

rellotge digital

el reloj digital

minut

el minuto

hora

la hora

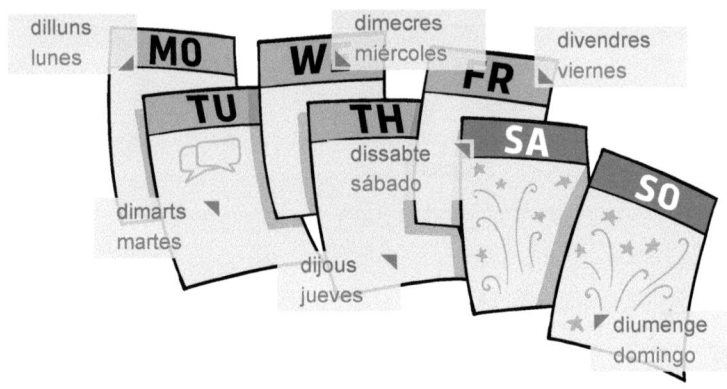

dilluns
lunes

dimecres
miércoles

divendres
viernes

dimarts
martes

dissabte
sábado

dijous
jueves

diumenge
domingo

ahir

ayer

avui

hoy

demà

mañana

matí

la mañana

migdia

el mediodía

tarda

la tarde

dia feiner

los días laborables

cap de setmana

el fin de semana

any

el año

arc de Sant Martí
el arcoíris
pluja
la lluvia
neu
la nieve
vent
el viento
primavera
la primavera
tardor
el otoño
estiu
el verano
hivern
el invierno

4.APRIL 11°
5.APRIL 4°
6.APRIL 13°
7.APRIL 8°
8.APRIL 10°

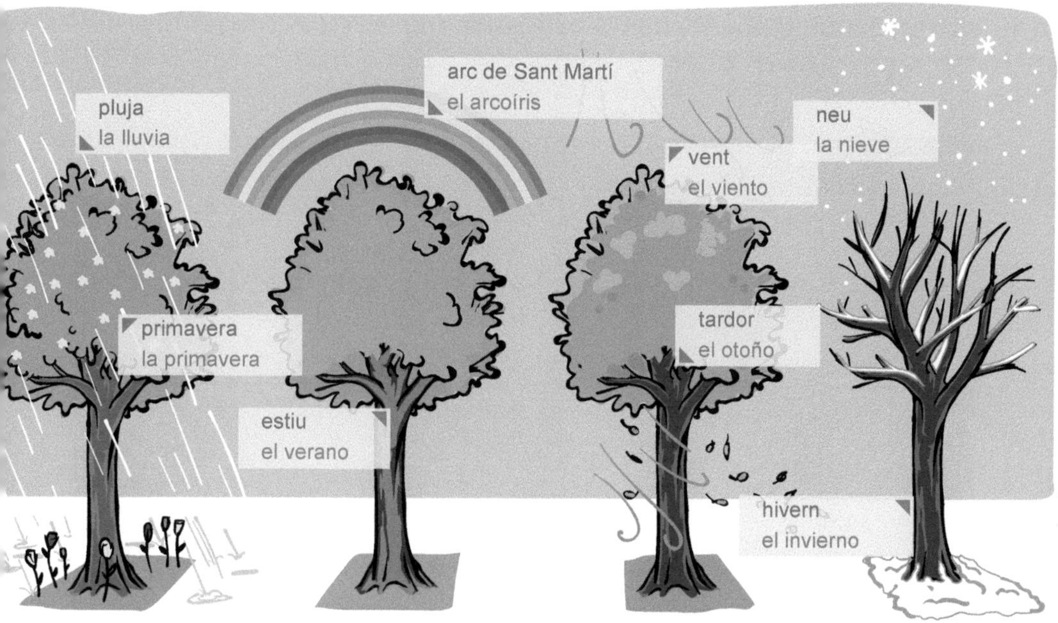

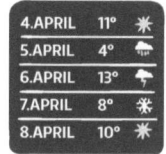

pronòstic del temps
el pronóstico del tiempo

F C
120 40
90 30
60 20
30 10
0 0
-30 -10
-20

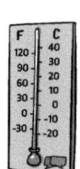

termòmetre
el termómetro

llum del sol
el sol

núvol
la nube

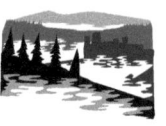

boira
la niebla

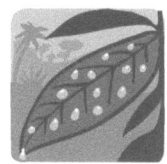

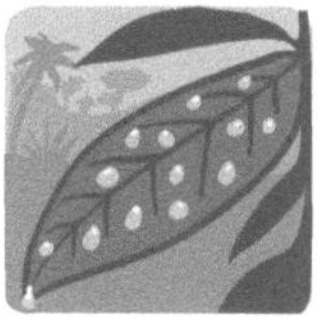

humiditat de l'aire
la humedad

llamp

el rayo

tro

el trueno

tempesta

la tormenta

calamarsa

el granizo

monsó

el monzón

inundació

la inundación

gel

el hielo

gener

enero

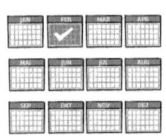

febrer

febrero

març

marzo

abril

abril

maig

mayo

juny

junio

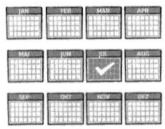

juliol

julio

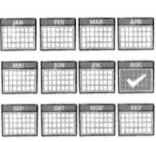

agost

agosto

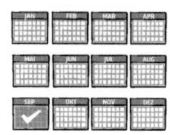

setembre

septiembre

octubre

octubre

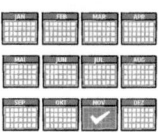

novembre

noviembre

desembre

diciembre

cercle

el círculo

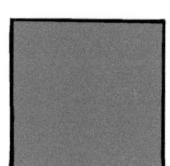

quadrat

el cuadrado

rectangle

el rectángulo

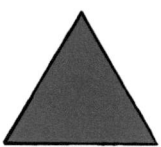

triangle

el triángulo

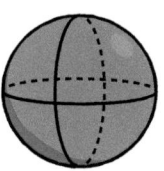

esfera

la esfera

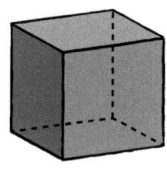

cub

el cubo

colors

colores

blanc
....
blanco

groc
....
amarillo

taronja
....
anaranjado

rosa
....
rosa

vermell
....
rojo

lila
....
morado

blau
....
azul

verd
....
verde

marró
....
marrón

gris
....
gris

negre
....
negro

molt / poc
....
mucho / poco

emprenyat / tranquil
....
enojado / tranquilo

bonic / lleig
....
bonito / feo

començament / fi
....
principio / fin

gran / petit
....
grande / pequeño

clar / fosc
....
claro / oscuro

germà / germana
....
el hermano / la hermana

net / brut
....
limpio / sucio

complet / incomplet
....
completo / incompleto

dia / nit
....
el día / la noche

mort / viu
....
muerto / vivo

ample / estret
....
ancho / estrecho

comestible / immenjable

comestible / no comestible

dolent / amable

malo / amable

entusiasmat / entediat

entusiasmado / aburrido

gros / prim

gordo / delgado

primer / darrer

primero / último

amic / enemic

el amigo / el enemigo

ple / buit

lleno / vacío

dur / tou

duro / blando

pesant / lleuger

pesado / ligero

gana / set

el hambre / la sed

malalt / sà

enfermo / sano

il·legal / legal

ilegal / legal

intel·ligent / ximple

inteligente / tonto

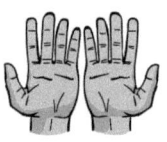

esquerra / dreta

izquierda / derecha

prop / llunyà

cerca / lejos

nou / usat
nuevo / usado

res / quelcom
nada / algo

vell / jove
viejo / joven

encès / apagat
encendido / apagado

obert / tancat
abierto / cerrado

silenciós / sorollós
silencioso / ruidoso

ric / pobre
rico / pobre

correcte / incorrecte
correcto / incorrecto

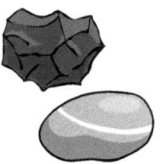

aspre / suau
áspero / suave

trist / content
triste / contento

curt / llarg
corto / largo

lent / ràpid
lento / rápido

humit / sec - eixut
húmedo / seco

calent / fred
cálido / frío

guerra / pau
guerra / paz

los números

0

zero

cero

1

u

uno

2

dos

dos

3

tres

tres

4

quatre

cuatro

5

cinc

cinco

6

sis

seis

7

set

siete

8

vuit

ocho

9

nou

nueve

10

deu

diez

11

onze

once

12

dotze

doce

13

tretze

trece

14

catorze

catorce

15

quinze

quince

16

setze

dieciséis

17

disset

diecisiete

18

divuit

dieciocho

19

dinou

diecinueve

20

vint

veinte

100

cent

cien

1.000

mil

mil

1.000.000

milió

el millón

llengües
los idiomas

anglès
el inglés

anglès americà
el inglés americano

xinès mandarí
el chino madarín

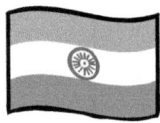

hindi
el hindi

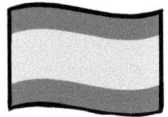

espanyol
el español

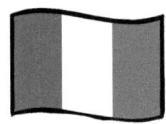

francès
el francés

àrab
el árabe

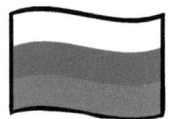

rus
el ruso

portuguès
el portugués

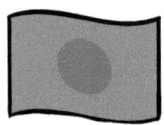

bengalí
el bengalí

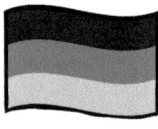

alemany
el alemán

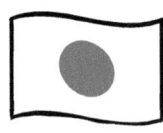

japonès
el japonés

jo

yo

tu

tú

ell / ella / allò

él / ella / ello

nosaltres

nosotros/as

vosaltres

vosotros/as

ells

ellos/as

qui?

¿quién?

què?

¿qué?

com?

¿cómo?

on?

¿dónde?

quan?

¿cuándo?

nom

el nombre

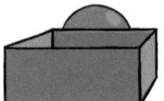

darrere

detrás

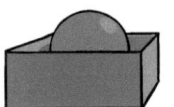

en

en

davant de

delante de

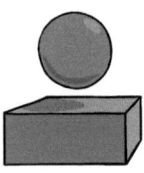

damunt

por encima de

sobre

sobre

sota

debajo de

al costat

junto a

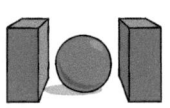

entre

entre

lloc

el lugar